I0420709

UNIversoSINfronteras

JOAQUÍN SERRANO DÍAZ

«Este libro está dedicado a todos los genios que aún no han salido de su lámpara»

INVITACIÓN

Si amas la poesía;
si la vives...
en este mismo instante
podríamos estar a un verso
de conocernos.

PRÓLOGO

Algunas veces pienso que la civilización, entendida en su sentido más amplio, más que avanzar, gira en bucle para no llegar; se dirige a tientas hacia ninguna parte… a la deriva de sí misma y guiada por sus propios miedos. Avanza, sí, pero avanza a ciegas destrozando todo a su paso, sin ser consciente ni siquiera pretenderlo, de la enorme grieta que va dejando tras de sí, y menos aún del profundo abismo que la espera.

Sin mirar atrás, siempre hacia adelante, sigue un camino triste y vacío que no conduce a parte alguna. Y por muy increíble que parezca, lo hace sin remordimientos, siempre implacable. Eso sí, con la boca llena de Dios y las manos llenas de sangre.

El mundo nunca estuvo tan alejado como para tener esta horrible fricción, este roce que le destroza.

Este pequeño poemario es un homenaje a todos aquellos que, aún siendo y sabiéndose iguales, se atreven a pensar diferente; a soñar sus sueños, a vivirlos sin miedo. A todos los que siendo y sabiéndose tan culpables como cualquiera; como yo mismo, gritan desde su impotencia con el ánimo de cambiar las cosas, deambulando por los caminos abiertos de la tormenta, o del tormento, si se prefiere.

Y también, por qué no, se lo dedico al silencio, por ser el eco de la soledad en la que desde siempre y para siempre, se encuentran aquellos que piensan diferente.

Hay obras infladas que derrochan tinta y páginas para no decir nada; «pedazos de silencio disfrazados de palabras», y libros de pocas letras en los que nada sobra y nada falta. Libros de poco texto, que van directos al alma y se clavan en la memoria como dagas.

Espero de corazón que **UNI** *verso* **SIN** *fronteras* sea uno de estos últimos.

Universos sin fronteras mentales.

Sin fronteras lingüísticas ni políticas...

Sin barreras ni puntos finales...

¡Universos en la rueda!

Versos naturales, sencillos, vulgares, tan simples como las cosas buenas; como lo que de verdad importa y vale la pena.

Si el sostén de una estrella es otra estrella y el sostén de un verso es otro verso... el sostén del hombre debe ser el hombre.

Joaquín Serrano Díaz 2017

REFLEXIONES DE LO NUESTRO

*T*odos sin excepción nos hemos preguntado acerca de la existencia; de la nuestra especialmente. Y también, para qué negarlo, hemos caído y recaído en la eterna pregunta: ¿Qué será de nosotros después?

Lo único cierto, es que un día cualquiera, de repente, los años entran en conflicto con la vida, estando nosotros en medio.
Entonces, con el aliento apagado y el cuerpo hecho jirones, recibimos el inevitable abrazo del tiempo. En ese momento, yo, dejaré de ser yo y tú no serás más tú... pasaremos a ser nosotros.
Juntos será diferente.
Fundidos, seremos eternos.

LOS VIEJOS

Ahorrando aliento, caminan los viejos viviendo su cuento. Empujados por el tiempo caminan su vida. A veces, con viento a favor. Otras veces contra el viento.

Agarrados y en silencio, vuelven lejos… allí donde nacen los deseos. Donde los sueños son ciertos. Donde no existe el miedo.

Y hasta el momento en que la tierra les llame; hasta que el silencio mande y el hálito les desahucie, suben de la mano los escalones del tiempo…
Paso a paso, peldaño a peldaño, bajan juntos la pendiente de la vida…

LA VIDA ES SUEÑO

Creció. Sin ser consciente de ello, pero creció.
Sus sueños de niño; aquellos que le acompañaron desde
su más tierna infancia; los que le hicieron reír, los que le
hicieron llorar, aquellos que le hicieron amar, esperar y
desesperar, también crecieron; se hicieron mayores con él…
Y así, sin avisar; como se esfumó de su vida la inocencia,
también se desvanecieron dejándole solo…
Completamente solo.
Y en esa negra soledad… Sin un maldito sueño al que
aferrarse… Sin un mísero clavo ardiendo al que agarrarse…
cayó como cae una hoja en su otoño.
Cayó con fuerza… y se pasó del suelo.

ESCUCHA

*E*scucha…
Escucha bien lo que no te digo.
Escucha con atención mi silencio;
ese sonido escondido en poemas sin
letras que grita a tu oído.

Escucha bien lo que no te digo.
Lee en el aire si puedes, mis versos
prohibidos; aquellos que nunca he
dicho ni escrito…

¡Escucha bien mi silencio!
¡Ese grito de vacío!

Ese poema sin letras que ensordece
*los Sentido*s.

LA TORMENTA

Me dijo un viejo una vez:

—Las cosas más importantes en tu vida ocurrirán cuando hayas tocado fondo... Cuando sientas que aquello que más amas; aquello por lo que vives, luchas y hasta morirías, se te escurre entre las manos... Cuando todo se desmorone a tu alrededor y no puedas ya distinguir la luz de la oscuridad... Cuando te encuentres perdido en medio de todo y en mitad de nada... Lo recordarás sin duda —enfatizó sus palabras con el dedo— como el peor momento de tu existencia... Como una tormenta devastadora.

—¿Una tormenta? —pregunté desconcertado.

—Las cosas tienen que caer. Solo cuando toquen fondo, podrán impulsarse con fuerza hacia la superficie. Entonces, al borde del colapso, sentirás una energía desconocida; una corriente arrolladora que te empujará hacia arriba y arrasará todo cuanto se interponga ante ti; todo lo que encuentre a su paso, empujándote con fuerza fuera del laberinto...

Presta mucha atención a ese momento y aprovéchalo; esa es tu tormenta.

POETAS DE LA NOCHE II

*A*utor de poemas sin carne
y *de libros sin hueso*, con la
mente vacía y el tintero lleno.

Poeta de pluma dormida;
escritor de silencios;
de libros sin alma;
de sonetos huecos…

Estás perdido en páginas
blancas, buscando *versos*…
Escribiendo palabras mudas
en los renglones del viento.

Pero no te rindas.
Sigue escribiendo.
¡Aún sin aliento!...
¡Aunque estés muerto!
Que las palabras, no lo
olvides, *son las* hijas *del*
silencio.

RÍO MELANCOLÍA

*E*n los lechos profundos del río *melancolía*,
las corrientes son lágrimas de alegría.

¡Dulce soledad, no me abandones!
¡Lléname de tu vacío*!*
No me prives tú también de tu dulce compañía.
No me prives de vivir muriendo
ni de morir mi muerte vivida…
Ni de des-soñar mis sueños…
Ni de ahogar en tus turbias aguas
mi ya muerta fantasía…

Mis lágrimas corren por el río melancolía.
Lágrimas de alegría saboreando el dolor noche
y día…

Lágrimas profundas, *que dan sabor* a mi vida.

NO ES SANGRE

No es sangre, es tinta,
lo que corre por las venas
de una pluma *hacia el corazón*
de un verso...

No es sangre, es deseo;
deseo de deseo,
lo que corre por las venas de
la noche hacia el corazón *del*
amor.

EL INVIERNO DE LA VIDA

Tiempos de melancolía…
días que no pasan; noches que no terminan…
tiempos de espinas clavadas sin sangre en la
herida.
Tiempos de melancolía;
invierno de la vida… días sin poesía, escritos
por la noche misma.

VAGABUNDO DE OTRO TIEMPO

*E*n las noches no deshago cama ni sueños;
como buen *soñador*, yo me acuesto *al despertar.*

¡Soy un vagabundo de mí mismo!
¡Un trotamundos de paso, amparado por mil sueños vividos
y otro millón por soñar…
Un quijote incompleto… Un Cervantes cualquiera a
tiempo perdido o a sueño vencido; qué más da.
Me sobran motivos para llorar, pero no me quedan
lágrimas.
Y así las cosas, aquí me encuentro. Atascado en un tiempo
que ni es mío ni quiere pasar, como un viajero perdido que
no sabe de dónde viene ni le importa a donde va.

Unos dicen que estoy loco.
Otros, que soy genial…
¡Y estoy tan lejos y tan cerca!...
Solo a un sueño, de esa pura realidad.

…Si esto es estar loco, que Dios me libre de la cordura.

RAZONES DE PESO

*T*engo la intuición de que estamos híper valorados; de que no somos tan importantes como pensamos.

Creo que, tanto con nuestra presencia como con nuestra ausencia, el universo pesa y pesará lo mismo.

Y si esto es así, que lo es…
si tan solo somos una razón de peso…
¿Dónde estaremos, cuando no estemos?
¿Qué seremos, cuando no seamos?

Te miro y me pregunto:
¿donde estarás tú en ese tiempo?
Y más inquieto aún:
¿dónde estaré yo?
…¿Desterrados y sin cielo, acaso?
Quién sabe.
Quizá el no ser, sea eso.

NO ME HABLES DE LA NOCHE

No me hables *de la noche*
ya sea clara o estrellada
…Ni de la luna llena;
ni del venir de la mañana…
Háblame con tus ojos;
mírame cuando hablas,
que tus ojos son luceros
y brillan más que la luna
y que la estrella del alba.

No me hables de la noche;
háblame con tu mirada;
con los ojos encendidos;
con tus luceros en llamas…

No me hables de la noche.
Brilla y calla.

LÁGRIMAS DE CARNAVAL

Si no todas matan,
todas no son…

Ni todas las que se vierten
son por pena o compasión.

Algunas encubren sonrisas,
otras, son sin pudor;
las que se lloran riendo y
erosionan como el agua los
muros de la razón.

Lágrimas de carnaval.
Lágrimas secas fingiendo dolor,
enmascaradas y falsas; negras
 como el tizón…
derramadas como balas, directas
al corazón.

Lágrimas de carnaval.
No todas matan.
Pero no todas son.

QUE NO TE VENGAN CON CUENTOS

Que no te vengan *con cuentos*
a ti, que tienes un techo
y comes todos los días…
Los problemas no son tuyos.
Para otro perro ese hueso.
Tú no te mojes.
Que se busquen el sustento
esos pobres infelices que
duermen a cielo abierto.
A otro tonto con eso.
No te preocupes,
tú ahí, quieto…
que las cosas están bien…
Que no te vengan a ti
con rollos sin fundamento.
¿Acaso tienes la culpa tú, de
que la miseria les alcance?
¡Algo habrán hecho!
Tú no te mojes.
Tú sigue quieto…
Y cuando el mal se extienda
y te alcance a ti de lleno…
guarda para ti tus lamentos.

«MAÑANAS» EN LA NIEBLA

Su pasado *se perdía* en la distancia.
Su presente le venía al encuentro.

Y su mañana…

Ese futuro incierto, aún vacío de recuerdos,
dormía en la pluma del tiempo, *dejando en
suspense* sus sueños…

EL TEMPLO DE LA NOCHE

El crepúsculo, implacable, desploma sus tonos
sangrientos sobre el moribundo templo de Baal.

Qué impía es la noche cubriendo con su oscuro manto
sus tristes y desoladas ruinas; esas que un día, erguidas y
desafiantes, dominaron la tierra.

Mientras, la no menos imponente luna llena del desierto
de Palmira, acentúa con su luz las sombras de lo que en otro
tiempo fueron poderosas y arrogantes columnas.

Solo son ya, tristes ruinas. Trozos de *pasado sin presente.*
Lejanos recuerdos escritos en la memoria de sus piedras…
Recuerdos de civilizaciones perdidas, que en tiempos
pretéritos retaron al cielo con *su poder* y su magia, ahora
sin vida.

El crepúsculo, implacable, tiñe de color sangre sus
piedras caídas.

¡Qué impía es la noche!….

Aunque *llore la lluvia* y gima el trueno,
¡a otro templo con ese dios!
Zebúl ha sido desalojado. No tiene ya morada.
El templo de la noche, cayó con él.

MEMENTO ÁFRICA

Vengo observando, especialmente a través de las redes sociales, el gran cariño que algunas personas (cada vez más, y entre los cuales me incluyo), profesan hacia los animales, sobre todo hacia los perros. Es algo que defiendo y en lo que estoy totalmente de acuerdo.

Algunos a tenor de sus palabras, y otros, a tenor de sus actos en defensa del desamparado mundo animal (noble función nada despreciable que la mayoría, no todos, realiza de forma digna y altruista), llevan no obstante a cabo con el pretexto de su defensa, funciones tan agresivas y viles como aquellas que dicen condenar; métodos que rayan la lujuria.

Y esa lujuria las más de las veces, desmedida, ese tesón ciego, esas alocadas e intempestivas ganas de cambiar de un plumazo esas enraizadas tradiciones, que se pierden en el horizonte del tiempo como gotas de agua en el inmenso océano, cuando están aliñadas con tan pomposos actos de protesta y disconformidad, no solamente pierden esa dosis de humanidad y de compromiso con la causa, del que tanto alardean, sino que delata que algo no marcha bien; que algo se nos escapa.

Esa noble ternura que tratan a toda costa de venderle al mundo, salvando indefensos animalitos y poniéndose en pie de guerra, a veces, con una violencia superior a aquella que supuestamente quieren abolir. Ese rasgarse las vestiduras ante la fotografía de un perrito maltratado o desnutrido, un caballo reventado o un toro banderilleado, cae empicada cuando los desgraciados, las víctimas, son seres humanos. Seres humanos tan desvalidos y vejados como esos animales que tanto se enorgullecen de defender, y que, de gozar de la mitad de esa amasada y enlatada humanidad, como la que se promulga en manifestaciones, actos de protesta, o hipócritas redes sociales, descubrirían quizá, que existe otra forma *de llorar*; llorar de alegría... *Y hasta de soñar*, aunque sea en bruto.

PARADOJA

Qué sentido del humor tan extraño tiene la vida. Seres humanos arrastrándose sin apenas aliento, famélicos, desnudos por fuera y por dentro, sin esperanzas, cuya única «culpa» consiste en haber nacido en el continente más rico de la tierra.

Y no deja de ser paradójico también, que más «arriba» el mundo esté lleno de pobres que lo tienen «todo».

DESVÁN DE SUEÑOS

Adónde no se atreve ni el miedo
les olvidó el cielo.
En la cara b de la tierra;
en el desván de los sueños.

Solo se les ve el hambre vistiendo
su enjuto cuerpo;
suplicando bocados de vida;
rogando tragos de tiempo.

Y cuando se pare el tambor que aún
retumba en sus pechos y repique en
su lugar el tañido del silencio…
el suelo que les vio nacer, tan sediento
y hambriento como ellos,
ávido, se beberá sus lágrimas
 y voraz, se tragará sus miedos.

Tierra de poca vida y mala muerte.
Tierra de espanto y lamentos.
Hazles tú de blanca sábana…
Cubre tú, sus negros cuerpos.

RELOJES SIN TIEMPO

Sus principios son finales sin comienzo
y desde el primer aliento viven su vida muriendo.
Son sus gritos de angustia y muerte los que rompen el
 silencio desde el corazón de la tierra hasta más allá del
 cielo.

Desahuciados por la vida y olvidados por el tiempo,
nacen ya en su final y mueren su vida, naciendo.

¡Como lunas sin noche!… ¡Como veletas sin viento!
¡Como náufragos sin mar!... ¡Como relojes sin
Tiempo!

Y UNA VEZ MÁS

Y una vez más,
todos callan y el silencio habla.
Y otra vez más,
se mezclan los sordos gemidos
del miedo con los lamentos del alma.

Voces clamando en la oscuridad,
que no tienen ya esperanzas…,
que no sueñan un mañana.
Son los gritos de angustia de
aquellos a quienes la vida
no abraza;
los alaridos sin fuerza de
quién ya no espera nada.

Y una vez más,
todos callan y el silencio canta.
Y otra vez más,
resuenan los llantos al compás de los pasos
sin ruido de la muerte,
que baila…

BESO NUEVO

Dame un beso nuevo.
Limpio.
Sin estrenar.
¡Bésame y pásame deprisa!
…Como un minuto a una hora.
Como un personaje a cualquier historia.
…Quiéreme, pero pásame.
¡Pásame deprisa!
…Como el tiempo cuando no sobra…
Como las cosas buenas...
¡Como la vida!
¡Como la rosa!

FILS DE L'AMOUR, FILS DE LA HAINE

Fils de l'amour et la haine!
Voyez-vous les larmes du ciel
et les pleurs de la terre.

Pleurez-vous aussi pour la faim
 d'un enfant qui meurt sans savoir
 qu'il est ne…
Sans savoir que ce sang dans vos
mains appartenait sa mère autrefois
et coulait par les veines de son père.

Pleurez-vous aussi, pleurez!
Pleurez, fils de l'amour!
Pleurez, fils de la haine!
Pleurez fils de…

HIJOS DEL AMOR; HIJOS DEL RENCOR

¡Hijos del amor y del rencor!...
Ved como lloran la tierra y el cielo…
Mirad sus lágrimas de dolor…
Llorad vosotros también.
¡Llorad por favor!
Llorad por el hambre del niño que
muere sin ser…
sin siquiera saber que nació…
sin saber …
que la sangre que tiñe vuestras manos,
de su madre brotó y por las venas de su
padre corrió.
¡Llorad también, llorad!
¡Llorad, hijos del amor!
¡Llorad, hijos del rencor!
¡Llorad, hijos de…

MAGIA POÉTICA

Es magia, lo que permite que me exprese
como soy y que me leas cómo eres... que me sepas sin
conocerme; que me sientas sin tocarme; que me quieras sin
quererme.

Es magia, lo que permite que podamos mirarnos sin
vernos, alejarnos sin soltarnos, llegar hasta ti sin ir...
Presentarme como mentira y convertirme en tu verdad.

Eso es magia... ¡Magia poética!
...saber que te pertenezco y sin embargo estar sin mí; sin
conocerte, influir en ti... ayudarte a escapar sin huir.

Es magia, la que me permite presentarme como soy para
que me veas cómo eres... Desnudarme para que tú me
vistas...
Ser la letra que tú lees.

DERIVA

Náufragos del universo
navegando la noche oscura; buscando
la mañana clara.
Náufragos de la luz a la deriva de la noche,
navegando sueños,
soñando el alba.
¡Náufragos a la deriva!
A la deriva del tiempo
nuestro.

DRIFT

Castaways of de universe
drifting from time
navigating in the dark night,
searching for a clear morning.

Castaways of the light
drifting from the night,
sailing in dreams,
dreaming the dawn...

Castaways drifting...
Drifting from time.

VAGABUNDOS EN LA RUEDA

¡*V*agabundos!
Vagabundos en la rueda, desde donde el tiempo nace hasta donde el tiempo llega.
Del tiempo que viene y va.
Del tiempo que duele y pesa.

¡Vagabundos!
Vagabundos en los extremos del tiempo; en el Alfa y en la Omega...
Nómadas de tiempo entero.
Vagabundos en la niebla.

VAGRANTS ON THE WHEEL

¡Vagrants!
Vagrants on the Wheel
Where time is born
Where the time arrives;
Time comes and goes
Of the time,
It hurts and weighs;
Vagabonds at the ends
The time...
Of at and it the Alpha Omega.
Nomads of the entire time...
Tramps...
Vagrants on the Wheel.

REFLEXIONES EN LA LUNA

...¿*D*ónde está la fantasía?
¡Aquí! ¡En ningún otro lugar!
¡Donde está todo!
¡Donde se sostienen los sueños!

¿Dónde están los límites de la fantasía?
¡Aquí! ¡En ningún otro lugar!
¡Donde está todo!
¡Donde se sostienen los sueños!

REFLECTIONS ON THE MOON

Where is the fantasy?
Here! In any place!
Where everything is!
Were you hold the dreams...

Where are the limits of the fantasy?
Here! In any place!
Where everything is!
Were you hold the dreams...

RECUERDOS

A José Luís Serrano Díaz 1960- 2013

Mi tierra no es ya tu tierra
ni mi cielo es ya tu cielo...
Tu tiempo no está ya en mi tiempo
ni mis miedos son ya tus miedos.
Sin embargo,
entre lo efímero y lo eterno
viven los recuerdos…
Porque tu tiempo estuvo en mi tiempo.
Porque mis sueños, fueron tus
sueños.

MEMORIES

Dedicated to José Luís Serrano Díaz 1960- 2013

My earth is no longer your earth
and my heaven is no longer your heaven...
Your time is no longer in my time
and my fears are not your fears anymore.
Nevertheless,
between the ephemeral and the eternal,
the memories live...
Because your time was in my time;
because my dreams were your dreams...

SOUVENIRS

A José Luís Serrano Díaz 1960- 2013

Ma terre n'est plus ta terre
ni mon ciel est dejà ton ciel…
Ton temps n'est plus dans mon temps
ni mes peurs sont plus tes peurs.
Cependant,
entre l'éphémère et l'éternel
les souvenirs sont vivants…
car ton temps fut mon temps;
car tes rêves furent mes rêves.

SUEÑOS

Dreams are drops of reality with fantasy dried
Los sueños son gotas de realidad secadas con fantasía
Rêves, gouttes de realité avec de la fantaisie séchées
I sogni sono gocce di realtà essicato con fantasiaτα όνειρα
είναι
πραγματικότητα, αποξηραμένα με φαντασία σταγόνεςos
Sonhos são realidade secada com gotas de fantasia
夢は現実のファンタジーの滴を乾燥
Visele sunt realitate uscate cu fantezie picături. הם חלומות
פנטזיה טיפות עם מיובשים המציאות
Drømmer er virkeligheten tørket med fantasy
draperbreuddwydion yn realiti sych gyda diferion ffantasi
sapņi ir realitāte jānosusina ar fantāziju pilieni
мрії, реальність, сушений краплі фантазія

A DÓNDE FUERON

¿Adónde fueron los *cuando*, los *aquellos,* los *ayer?*
¿Adónde van los recuerdos?... ¿Dónde está lo que fue?

Dicen que un día se los llevó el tiempo.
Que solo queda el ahora.
Que no hay antes ni después…
Que la memoria es olvido.
Que no hay mañana ni ayer.
Dicen que se fueron con el viento…
que se fueron para no volver.
… Dicen.

CÓMO QUISIERA

Cómo quisiera subir al barco del olvido,
navegar hasta las costas de tu nada y bucear
en tus recuerdos hasta donde echaron el ancla.

Cómo quisiera volar hasta ti, iluminar tu luna opaca
y llenar de luz tus noches sin mañana.
Cómo quisiera poder tirar de ti, arrancarte de las sombras y
traerte conmigo hasta la alborada.

Cómo quisiera llegar hasta ti, apagar tu luna eterna y
encender esa tiniebla que no acaba, coger fuerte tu mano
y nadar…
Nadar contigo hasta que raye el alba.

¿QUÉ VERDAD?

Yo no soy de los que quieren saber la verdad aunque duela,
aunque les duela a los que sí quieran.
Y no siento pena por su dolor cuando la encuentran.
¿No es eso en definitiva lo que buscan?

VERDADES SIN RAZÓN

Fueron a buscar fortuna
exportando a otros su dios
y enseñaron con espadas
sus verdades sin razón.

Fueron a buscar fortuna,
exportaron religión,
y encadenaron el mundo a
su cielo y a un infierno
abrasador.

Fueron a buscar fortuna
y regresaron saciados…
con los bolsillos llenos de
sangre… ricos en odio y dolor.

¡Padres e hijos de la ignorancia!…
¡Siervos de cualquier credo!…
¡Hijos de cualquier dios!

AMOR Y SUEÑOS

A veces, los sueños son para siempre, ¡eternos!...
desde el corazón de la vida y hasta el último aliento.
Otras… simples historias que vuelan al viento; su principio
y su final, pueden caber en un verso.

A veces, también el amor es eterno… ¡para siempre!...
hasta el último suspiro y desde el primer beso.
Otras… nace ya en su final; muere su historia naciendo en
un final sin comienzo.

A veces, el amor también es un sueño.

AU-DELÀ DE LA PLUIE

L'arc-en-ciel
est un poème en couleurs
écrit par pluie au cœur même
de l'orage…
Eclats de fantaisie,
gouttes de vie,
gouttes de ciel,
poésie.

PAPILLON VAGABOND

Il va, il vient, il vole,
le papillon vagabond.
Il est libre et sauvage.
Il est doux ! Il est beau!
C'est un rêve, une caresse,
l'arc-en-ciel dans les yeux…
la tendresse, la splendeur
des couleurs.
Il s'en va, il revient, il se pose
le papillon magicien.
Il virevolte dans ton cœur,
il voltige dans tes mains,
Le papillon eternel.

J'AI VU

…Et j'ai vu son regard!
Son visage!
Le ciel dans ses yeux et l'enfer dans ses lèvres…
le paradis dans sa peau, ma vie dans ses mains.

…Et j'ai vu son cœur aussi…
son cœur victorieux,
battant au rythme
de mes reins.

RÊVES

Dans les jours de mon enfance
je rêvais tout éveillé.
Et si bien rien n'a change,
maintenant que je suis grand
je n'ai plus des rêves d'enfant...
J'ai des rêves de géant.

LES YEUX FERMÉS

Les yeux fermés.
Les pieds en terre.
La tète en l'air…
Maitre de mes rêves.

LE CRAYON DU BONHEUR

Je vais dessiner tes nuits en couleurs,
l'arc-en-ciel dans tes rêves,
une fleur dans ton cœur.

COULEURS DE L'AUBE

Couleurs de l'aube.
Sanglots de fantaisie
qui coulent du ciel…
qui effacent la nuit.
Rêveries au-delà des rêves,
rayons d'espoir,
chants qui réveillent.
Couleurs de l'aube qui cassent
la nuit.
Couleurs de vie.

LE BALLET DE LA MER

Au rythme du ballet de la mer,
elle joue, elle vit, elle dance
la partition de sa vie…
Tout au fond de la magie,
comme une lumière qui brille.

Entourée de solitude et d'une
 douce mélodie,
aucune force ne l'arrête,
elle se sent bien dans sa folie,
déchirant l'eau qui brule, dans
le ballet de la vie.
Dance de sang froide qui embrasse
et caresse sa peau comme l'amour
d' une vague…

Musique d'eau fraiche.
Notes de mer salées parsemées de
Dance.

LA FONTAINE DE LA VIE

La course vagabonde

Un mur de sable lui séparait du désert, un mur de ciel, de l'univers.
Il avait peur de penser au-delà de ses murs imaginaires… murs d'apparences, d'illusions, un mirage, une chimère.

Etant n'importe qui, n' importe où, sans savoir quand, Il est parti au clair de lune, les yeux fermes, les rêves brulants, s'élevant dans le ciel comme un papillon solitaire… s'envolant ; s'envolant loin… loin de la terre, loin de sais chaines.

Entouré de ses peines, de sa peur et de sa haine, il fuyait loin… loin de l'orage, de la pluie et du brouillard… loin de soi-même.

Poussé par le vent, traversant les routes vierges et sauvages du ciel, de son âme, de la terre... Il voyagé loin, très loin… encore plus loin, jusqu'au plafond du ciel… au bout même de l'extrême solitude ; au cœur de la lumière ; au-delà du soleil… Loin, très loin… jusqu'au bout des chagrins.

Au dessus du septième ciel… parmi les nuages, parmi les tonnerres, parmi les éclairs, parmi les clous dans ses souliers, il marchait sous sa tempête ; il traversait son désert rêvant un peu d'espoir, un peu de ciel, une source, une fontaine, une nuit étoilée… un coin pour ses rêves.
Il rêvait loin, très loin…

Rêvant, dans son rêve, il a vu devant lui son visage reflète dans l'eau claire, immaculé, d'une fontaine ; un miroir d'eau cristalline qui montrait son portrait changé, lointain… un souvenir de lui-même.
Genoux a terre. La tête baissée. Hors du temps…
Dans la course vagabonde d'un voyage imaginaire,
Il arriva loin. Très loin. Encore plus loin… Au cœur-même de la sagesse.

LA FUENTE DE LA VIDA

Un muro de arena, le ocultaba el desierto, otro de cielo, el universo.
Temeroso de cruzar esa línea imaginaria; ese muro de apariencias, de ilusiones, espejismos, quimeras y falacias, se fue.

Qué importa quién fuese, ni de dónde, ni cuándo, ni por qué…
Se fue con la luna clara, los ojos cerrados, los sueños calientes y la vida helada. ¡Se fue!

Se fue «volando», como una mariposa solitaria a buscar su alba soñada…
Cargado con sus penas, con sus miedos, con su odio y con su rabia… se fue lejos; lejos de la tierra, de sus cadenas, de su casa… Lejos de la lluvia y de la niebla, de si mismo… y hasta del tiempo que pasa.

Empujado por un viento extraño, rutas vírgenes y salvajes navegaba. Las de la tierra y las del cielo… Las del agua… Las del alma.

¡Viajó lejos! ¡Muy lejos!... ¡Más lejos aún! Hasta la tumba del cielo… Hasta la cuna del alba… Tocó el centro del dolor, y aprendió que, Soledad, *es algo más que una palabra.*

Por encima de las nubes, de los rayos y los truenos, el séptimo cielo volaba..., su tormenta atravesaba.

Su desierto cruzaba soñando; soñaba esperanza...
un trocito de cielo, una noche estrellada, una fuente, un manantial de agua clara...
¡Soñaba lejos! ¡Muy lejos!... Un rincón para soñar, soñaba...
Un hueco para sus hadas.

...Y así, soñando su sueño, en las cristalinas aguas de una fuente inmaculada; un espejo de agua limpia que a tiempos pasados llevaba, vio su imagen reflejada; un recuerdo de sí mismo, desdibujado en el agua.
Arrodillado. Abatido. Lejos del tiempo... En la senda vagabunda de un viaje que solo él imaginaba, llegó lejos. Muy lejos... Más lejos aún... Hasta el corazón de la sabiduría.

EL LÁPIZ DE LA FELICIDAD

Voy a dibujar tus noches en color.
El arcoíris en tus sueños...
En tu corazón, una flor.

MÁS ALLÁ DE LA LLUVIA

*El arcoíris es un poema en color
escrito por la lluvia en el mismo
corazón de la tormenta.*

COLORES DEL ALBA

Colores del alba,
lágrimas de fantasía,
destellos de esperanza,
lloros de cielo que la noche
aclaran…

Ensueño del sueño, colores
del alma… cantos despiertos
que a la noche espantan…

Colores del alba cubriendo
lo negro y destapando
mañanas…
Brindis de vida…
colores de luz temprana.

EL BALLET DEL MAR

*Notas de agua, tibias, frescas y cálidas salpicando danza;
melodía salada; partitura del océano en calma, con sabor a
playa…*
*Desde el corazón de la magia, como luz que estalla,
desborda de ritmo el mar, su ballet de sangre helada…*

*Envuelta de soledad y de eterna melodía, corre y baila sin
parar; el movimiento es su vida.*

*No hay fuerza que la detenga. Ondea y mueve sin cesar el
agua que hiela y quema, con su baile de sangre fría, escrito
por el mismo mar en su coreografía eterna.*

SUEÑOS

En los días de mi infancia,
despierto siempre soñaba.
Ahora que ya he crecido,
lo tengo bien asumido;
mis sueños se han hecho
grandes...
tengo sueños de gigante.

MARIPOSA ERRANTE

Viene y va,
sube y baja,
aletea de aquí para allá,
la dulce, bella y pícara mariposa
surgida de ningún lugar.

Mariposa errante, libre y salvaje
como un sueño sin soñar;
como una caricia de cielo que
roza el aire y se va;
como un arcoíris con alas;
como la furia del mar.

Es magia y color revoloteando
en tus manos; color vivo que
viene y va.

Mariposa errante; magia con alas
que aparece sin más, revolotea en
tu corazón y se vuelve a marchar.

CICLO DE VIDA

Ciclo de vida y muerte.
¡Resurrección!
¿Existe algo tan ambiguo como una mariposa?
...¿Tan frágil, delicado y a la vez resistente como una
mariposa?
...¿Tan libre y salvaje, osado y a la vez inocente
como una mariposa?
  ¿Tan pasajero y eterno?

Una mariposa, no es solo una mariposa.
La solución, a veces, *está en la pregunta*.

YO VÍ

… Yo vi su dulce mirar.
Su delicado semblante.
El cielo en sus ojos y el
infierno en sus labios…
el paraíso en su piel.
…Y sentí latir su corazón…
su corazón inconquistable,
bombeando al ritmo de mis
caderas.

MÚSICA VIVA

Yo escuchaba los latidos de su corazón…
Yo escuchaba la banda sonora de su vida.
Y eso, era poesía.

RAZONAMIENTO

Entre independientes y dependientes, ¿dónde nos ponemos los que nos sentimos libres?...

RAZONAMIENTO II

Cuantas cosas pequeñas un día serán grandes,
y cuantas cosas que hoy son grandes, se irán.
¿Quién puede decir: esto es bueno o esto es malo;
esto es falso o esto es verdad?
Todo tiene su momento en la rueda que gira.
Todo tiene su tiempo y lugar…
Todo cuanto se va, un día vuelve.
Todo es rodar y rodar.

RAZONAMIENTO III

Soy un acérrimo defensor del libre pensamiento,
del tuyo y del mío.
Por eso huyo de las influencias y escribo de forma
autodidacta, auto libre, o desde mi libertad, como tú desees
entender… Para que me leas también libremente,
sin influencias, como te dé la gana;
como quiero que me leas.

RAZONAMIENTO IV

Un poema sin leer no es nada.
Un poema leído por diez personas, son diez poemas.
Un poema mío leído por ti...
somos nosotros.

RAZONAMIENTO V

A fuerza de cambiar los miedos de lugar para no tenerlos
que enfrentar, y de noches en vela sin dormir y sin soñar…
ya casi no sentimos que no sentimos.

RAZONAMIENTO VI

¡Cómo se diluye el tiempo!
Cómo corre.
Cómo se va…
Y cómo se lleva con él los sueños;
los soñados,
los sin soñar…
y hasta los que cuelgan despiertos
sin atreverse a saltar.

RAZONAMIENTO VII

¡Cuánto cuesta llegar al final sin salir del principio!
¡Cuantas páginas se necesitan para acabar un poema de un
verso… de esos que llenan un libro!

RAZONAMIENTO VIII

Los países occidentales están llenos de pobres que lo tienen todo y de ricos que tienen aún más. No les falta nada, excepto lo que necesitan.

RAZONAMIENTO IX

La vida tiene muchos contrincantes, pero un único vencedor: el tiempo.
El tiempo es la goma de borrar de la vida.

RAZONAMIENTO X

La felicidad no siempre es compatible con la verdad.
De hecho, casi nunca lo es.
La felicidad es libre y salvaje.
La verdad tiene muchos amos.
Cada vez más.

RAZONAMIENTO XI

No te descuides cuando te ilumine el día.
Siempre habrá quién intente clavarte la noche
por la espalda.

RAZONAMIENTO XII

Para la noche, que me bajo del sueño.
¡Qué silencio tan escandaloso!
Para la noche, que tengo miedo.

RAZONAMIENTO XIII

Visto desde la vejez, todo adquiere un brillo especial; todo tiene más luz y color.
Es como el final de una composición musical; antes de que se produzca el silencio, todo es bombo y platillo.

RECUERDOS FUGACES

Hay recuerdos dormidos en la memoria
y despiertos en el corazón, corriendo
por las venas del no olvido; bombeados por
la fuerza del no adiós…
Recuerdos atados a la razón, que siempre
acaban volviendo, envueltos en llanto y dolor…

Son recuerdos fugaces que vienen y van,
presos de una melancolía que no les deja
escapar…

Recuerdos, que son sin estar,
de tiempos que fueron ya…
Pedazos de pasado sin color y sin sabor,
esculpidos en la mente, sin piedad ni compasión,
por el inmortal remordimiento…
ese hábil escultor…

QUIERO

Femenino, masculino.
Día, noche.
Sol, luna…
Mi mano izquierda.
Mi mano derecha.
Mi pie izquierdo.
Mi pie derecho…
Mi hemisferio cerebral izquierdo.
Mi hemisferio cerebral derecho…
Mi egoísmo.
Mi abnegación.
Mi pasividad.
Mi dinamismo…
Yo no quiero ser todas esas medias cosas.
Quiero ser todas esas cosas, y media.
¡Quiero aplaudir!
¡Quiero saltar!
¡Quiero pensar!
Día y noche,
con frío o calor,
en verano,
en invierno.
Buscar lo esencial.
¡No quiero nada y lo quiero todo!
Te quiero a ti para sentirme entero.
Porque al fin y al cabo, de eso se trata.
De estar completo.

TU PRIMERA PRIMAVERA

Recuerda tu primer beso.
Tu primera cita.
Tus primeros celos…
El primer agárrame y no me sueltes.
Las primeras mariposas en tu estómago…
Tu primer abrazo.

Aquella primera luna.
Tu primera despedida.
Tu primer ya no te aguanto.
Tu primer portazo…

¡Esa primera foto pensando en él!

El primer pétalo que te acaricia.
La primera espina que te clava.
La primera lluvia que te moja…
La primera rosa que te sangra.

¡Tu primera primavera!

FLORES EN LA TORMENTA
PeregriNOs del FIN del mundo

Y ahí estaba ella.
Como una flor bajo la lluvia.
Empapada de belleza.

GUERRA

GUERRA
es a dónde a fuerza de ir
a ninguna parte, se llega.
Dicen que es la fuerza del destino,
pero es un destino a la fuerza.
Es el principio del final
y el comienzo de las penas...
Del orgullo encendido.
De la muerte que hiede...
madre de la inmundicia y de
los despojos que quedan.

¿O acaso es casualidad que tenga
Las mismas letras que
 MIERDA?

RECUERDOS POÉTICOS

Para algunos no significa nada,
pero para mí…
Para mí, es comienzo y final.
Memoria y olvido.
La poesía está tan dentro y tan fuera;
tan lejos y tan cerca, que ni el tiempo
se entera.
Esos versos que un día fueron míos,
son ahora tan tuyos…
tan de todos.
tan de nadie…
tan odiados…
tan queridos…
¡Tan vividos!

DESPUÉS DE LLOVER

Gracias por la lluvia,
por lo verde,
por la rosa y hasta por
su espina…
Mil gracias por la música,
por la poesía y el color,
por lo insignificante y por
lo absoluto…
 y por mí,

que estoy en medio…

¡Gracias sí!
por la gravedad que me trae
y por las musas que me llevan…
¡Por vivir!
Por lo que fue y por lo que será.
Por soñar.
Por despertar…
Por todo…
¡Por ti!

APRÈS LA PLUIE

Merci pour la pluie,
pour le vert,
pour la rose et même
son épine…
Merci mille pour la musique,
pour la poésie et la couleur,
pour l'insignifiant
et l'absolu…
et pour moi,

en plein milieu…

Merci, oui!
pour la gravite qui m'attire
et pour les muses qui me poussent.
Pour vivre!
Pour le passé et pour l'avenir.
Pour rêver.
Pour m'éveiller!…
Pour tout…
Pour toi!

DOPO LA PIOGGIA

Grazie per la pioggia,
per el verde,
da la rosa e anche
su spina...
Grazie mille per la música,
per la poesía e il colore,
per l'insignificante
e per l'assoluta...
e per me

che sonno nel mezzo.

¡Grazie, si!
Per la gravitá che me atrae
e da le muse che mi porta.
Per vivere!
Per quello che era e dicio che será.
Per sognare.
Per suegliare.
Per tutto.
¡Per te!

LAS ESQUINAS DE LA TIERRA

Acabado…
con el alma a pedazos y el
corazón herido…
me alejo de ti sin vencer y
no vencido…
Trago aire, pero no respiro.
Qué difícil es ya traer vida
a este pecho delicado de tan
frágil tañido…
Solo el justo para suspirar una
vez más por tu secreto encanto;
aquél más sabido que visto, que
traspasó las fronteras del gran mar
y las esquinas del mundo
conocido.

DÍA A DÍA

Deshojó su primavera
buscando la rosa del amor.
Día a día la buscó.
Semana a semana.
Mes a mes.
Flor a flor…
Y ni un pétalo de ella encontró.
Deshojó su vida entera,
sin saber que era la rosa que
Tanto buscó.

VÍSTETE

Vístete.
Viste tus ojos.
Viste tu sonrisa.
Viste tu cuerpo…
Pero vístete desnuda,
que quiero vestirte de mí.

TODO ES COMIDA

Todo se come a todo.
Las horas comen minutos.
Los minutos comen segundos.
Las noches se comen los días
y el silencio se come al ruido
mientras el tiempo devora la vida.
Al fin y al cabo, todo es comida.

LLORÓ

Dolor a dolor,
Verso a verso,
lloró poemas.
Poema a poema,
lágrima a lágrima,
regó la flor; la rosa
fantasma que no
se ve ni se toca;
que solo se sabe y
se siente.

EPÍLOGO

Autodidacta por convicción, y como Ícaro, atrapado en un laberinto del que solo se puede escapar con las alas de la imaginación, caigo una vez tras otra en un inmenso océano sin orillas, y nadando bajo la absoluta indiferencia del agua, doy palos de ciego a un arte que se me resiste, en un vano y desesperado intento «quizá», de darle forma al caos.

¡INTÉNTAME!

ÍNDICE
por orden de aparición

36. DRIFT
37. VAGABUNDOS EN LA RUEDA
38. VAGRANTS ON THE WHEEL
39. REFLEXIONES EN LA LUNA
40. REFLECTIONS ON THE MOON
41. RECUERDOS
42. MEMORIES
43. SOUVENIRS
44. SUEÑOS
45. A DÓNDE FUERON
46. CÓMO QUISIERA
47. ¿QUÉ VERDAD?
48. VERDADES SIN RAZÓN
49. AMOR Y SUEÑOS
50. AU DELÂ DE LA PLUIE
51. PAPILLON VAGABOND
52. J'AI VU
53. RÊVES
54. LES YEUX FERMÉS
55. LE CRAYON DU BONHEUR
56. COULEURS DE L'AUBE
57. LE BALLET DE LA MER
58. LA FONTAINE DE LA VIE
59. LA FUENTE DE LA VIDA
60. EL LÁPIZ DE LA FELICIDAD
61. MÁS ALLÁ DE LA LLUVIA
62. COLORES DEL ALBA
63. EL BALLET DEL MAR
64. SUEÑOS
65. MARIPOSA ERRANTE
66. CICLO DE VIDA
67. YO VÍ

Somos desde donde comienzan nuestros recuerdos hasta donde somos capaces de soñar.

Joaquín Serrano Díaz

Nota

1 .Los poemas que aparecen en cursiva son traducciones del original.

*2 .*Los poemas traducidos intentan guardar la idea original, no obstante su traducción no es literal por razones obvias. Son dos poemas y una idea.

Joaquín Serrano Díaz nació en Madrid el 8 de Junio de 1958. Pintor autodidacta y amante de la literatura, hace su incursión en poesía con **REFLEXIONES POÉTICAS** 2014 poemario en el que se enfrasca tras escribir el relato corto **PALINGENESIA** y a la vez que escribe la novela de ficción **PEREGRInoS DEL fin DEL MUNDO,** ideada cinco años antes y publicada en la primavera de 2015 En esta obra mencionada aparecen algunos de los poemas pertenecientes a **REFLEXIONES POÉTICAS** y escritos expresamente para ella.

A principios del año 2016 comienza a escribir su segundo poemario: **UNIversoSINfronteras,** finalizado durante la primavera-verano de 2017.

Actualmente escribe **INSONDABLE** novela de ficción histórica.

Tanto en sus poemas como en su prosa busca ante todo la sencillez y llegar al lector, sin pretensiones.